Neue wohlfeile Ausgaben der Gotthelf'schen Schriften.

In der neuen durchgesehenen wohlfeilen Ausgabe der **Jeremias Gotthelf'schen** Werke sind bis heute erschienen und durch jede Buchhandlung zu beziehen:

Uli. Eine Erzählung in zwei Theilen. 2 Bände.
Preis 2 M. 40 Pf.

> I. Band: Uli der Knecht. II. Band: Uli der Pächter.

Käthi, die Großmutter. Eine Erzählung. Preis
1 M. 60 Pf.

Erzählungen. 3 Bände. Preis à 1 M. 20 Pf.

> **Inhalt:** Band I: Wie Hans Joggeli eine Frau sucht. — Das Erdbeeri Mareili. — Servaz und Pankraz. — Segen und Unsegen. — Barthli, der Korber. — Die Schlachtfelder.
>
> Band II: Elsi, die seltsame Magd. — Der Sonntag des Großvaters. — Die Wege Gottes und der Menschen Gedanken. — Der Besenbinder von Rychiswyl. — Der Mordio-Fuhrmann.
>
> Band III: Kurt von Koppigen. — Das arme Kätheli. — Hans Berner und seine Söhne. — Die angenehme Ueberraschung. — Wie man kaput werden kann. — Die drei Brüder.

In Vorbereitung befindet sich:

Leiden und Freuden eines Schulmeisters.
2 Bände.

Obige Ausgaben sind vom Herrn Cultusminister Falk sämmtlichen Provinzialbehörden zur Anschaffung für die Volksschulen, Mittelschulen, Präparanden-Anstalten u. s. w. empfohlen worden.

Springer-Verlag Berlin Heidelberg GmbH

Jeremias Gotthelf

der Volksschriftsteller.

Von

Dr. Clemens Brockhaus,

Professor.

—◆◈◆—

Springer-Verlag Berlin Heidelberg GmbH 1877

ISBN 978-3-662-38928-7   ISBN 978-3-662-39870-8 (eBook)
DOI 10.1007/978-3-662-39870-8

Der Beruf des Volksschriftstellers ist einer der schwierigsten und am schwersten bestimmbaren. Welcher Schriftsteller hat im Grunde nicht die Aufgabe, Volksschriftsteller zu sein, d. h. für das Volk zu schreiben? Heißt es nicht, einen allgemeinen Beruf specialisiren, und was allen zukommt, auf eine bestimmte Classe einschränken, wenn man einen besonderen Stand des Volksschriftstellers feststellt? Sind nicht unsre größten Dichter Volksdichter, und deshalb zu bleibender Geltung gelangt, weil sie allen etwas bieten, und von den höchsten Höhen geistigen Schaffens das Allgemeingültige für alle Zeiten, alle Stände und alle Individualitäten reichen? Ist nicht das Beste für unser Volk gerade gut genug, und der Hamlet'sche Lobspruch für ein Dichtwerk, daß es „Caviar fürs Volk sei," bei Lichte besehen, ein Tadel? — Doch längst hat man sich daran gewöhnt, unter Volksschriftstellern diejenigen zu verstehn, die an die unteren Volksklassen sich wenden, mit ihren Verhältnissen, der Schilderung ihrer Lage und Sitten sich beschäftigen, und ihnen deutlich zu werden suchen. Wie ein langjähriges Vorurtheil den Landbewohner in Pausch und Bogen zu den unteren Volksklassen rechnet, so werden die in neuester Zeit in Aufnahme gekommenen Dorfgeschichtenschreiber zu Volksschriftstellern eigentlichster Art erhoben.

Auf der andern Seite hat man der Volksschriftstellerei eine
besondere moralische Tendenz angeheftet und derselben die
Aufgabe ertheilt, zu bessern und aufzuklären, Mißbräuche zu
bekämpfen und für gewisse, die niederen Volksklassen be=
treffende Fragen Sympathieen zu gewinnen, so daß die
Volksliteratur zu einem Zweige der Tendenzliteratur ge=
worden ist.

Nach beiden Seiten hin, daß nämlich seine Arbeiten sich
in der Schilderung des ländlichen Lebens bewegen, also
Dorfgeschichten sind, und außerdem eine stark aus=
geprägte moralische Tendenz verfolgen, können wir den
schweizer Pfarrer Albert Bitzius, unter seinem Schrift=
stellernamen Jeremias Gotthelf bekannt, einen Volks=
schriftsteller nennen, doch würden wir seinem Andenken
schweres Unrecht thun, wollten wir sein Schriftstellerthum
mit dieser Classification als charakterisirt bezeichnen, und
ihn ohne weiteres dem Gros jener Volksschriftsteller bei=
zählen, über welche er in der That königlich hinausragt.

Er hat nichts von jenem populär sein sollenden Lehrtone,
der von dem Glauben ausgeht, eine Sache trivial vortragen,
heiße, sie allgemein verständlich machen; nichts von jener
Effekthascherei der blos drastischen Schilderung, die mit
grellen Farben und derben Phantasieerregungen dem rohen
Geschmack zu genügen sucht, und dies den Volkston treffen
nennt; nichts von jener platten Quasimoral, die jeder sittlich
bedenklichen Frage bedächtig aus dem Wege geht, und einem
breitspurigen Biedersinn das große Wort leiht, der nur
flache Gewöhnlichkeit bedeutet; nichts von jener bequemen

optimistischen Weltanschauung, nach der alles Gute sofort seinen Lohn, alles Böse die Strafe vor den Augen des Lesepublikums zur Schau tragen muß, mit Frömmigkeit und Religion ein Gepränge getrieben, sie jedoch ihres erhabenen Ernstes entkleidet werden. Von jenen Eigenschaften der großen Masse der Volksschriftsteller, die dieselben so vielfach in schlechten Ruf gebracht haben, hat Jeremias Gotthelf nichts. Aber in dem Sinne, in welchem Luther das, was er mit seinem innersten Herzblut geschrieben, dem gemeinen Manne zugedacht, und auch zu seinen erbitterten Kämpfen wider die Schäden der Kirche von der schmerzlichen Liebe zu dem armen, betrogenen und verblendeten Volke sich treiben ließ, war und wurde Jeremias Gotthelf zum Volksschriftsteller in größter und erhabenster Bedeutung des Worts.

Auf sein Leben läßt sich wohl das Wort des Antonius an Brutus Leiche anwenden:

His life was gentle; and the elements
So mix'd in him, that Nature might stand up
And say to all the world, This was a man!*)

ein Wort, das Manuel treffend als Motto der Biographie Gotthelfs gewählt hat. Sein Leben war das stille, in sich zurückgewiesene eines Landpfarrers. Er ist wenig aus seinem Wirkungskreise herausgekommen. In unserer reiselustigen Zeit

*) Sanft war sein Leben, und so mischten sich
Die Element' in ihm, daß die Natur
Aufstehn durfte und der Welt verkünden:
Das war ein Mann!
Jul. Cäsar, Act V, 4. Sc.

ist sein Haften an der Scholle fast wunderbar. Keine außer=
gewöhnlichen und merkwürdigen Schicksale bezeichnen sein
Leben. Einer Pfarrerfamilie Bitzius, — wohl eine germanisirte
Abkürzung des lateinischen Namens Sulpicius, wie dieselbe
schon im 15. und 16. Jahrhundert vorkam, — entstammend,
wurde er am 4. October 1797 in Murten geboren. Sein
Vater kam 1804 nach Utzenstorf, 5 Stunden von Bern,
wo der Sohn früh schon sich in die Landwirthschaft ein=
lebte und im Verkehr mit den Sitten des Landvolks
heimisch wurde. In Bern zur Universität vorbereitet, vollen=
dete er dort seine Studien in der Theologie, neben der ihn
Mathematik, Physik und Geschichte besonders anzogen. 1821
besuchte er als Candidat Göttingen die bei den Schweizern
beliebteste deutsche Universität, um im Jahre 1822 nach der
Heimath zurückzukehren, wo er zuerst in Utzenstorf, dann
1824 in Herzogenbuchsee im Oberaargau, 1829 in Bern,
1831 in Lützelflüh in der Nähe von Bern als Vikar wirkte.
Nach dem Tode des Pfarrers von Lützelflüh 1832 trat er
an dessen Stelle und blieb daselbst bis zu seinem Tode am
22. October 1854. Dort hatte er sich 1833 mit der Großtochter
seines Vorgängers vermählt, aus welcher Ehe zwei Töchter
und ein Sohn entsproßten. Man sieht, es ist ein einfacher,
von der gewöhnlichen Laufbahn eines schlichten Pfarrers in
Nichts unterschiedener Lebensgang. Das Außergewöhnliche
liegt ausschließlich in dem Manne selbst. Wohl aber trug
dieser Gang seines Lebens, wie aller ihn umgebenden Ver=
hältnisse viel dazu bei, das, was in ihm lag, aufs Beste zu
entwickeln, und vor jeder Störung zu bewahren. Die freie

Luft, die seine Jugend in einem kraftvollen und gesunden
Gemeinwesen von reinstem protestantischen Geiste athmete,
ansprechende freundschaftliche und gesellige Beziehungen, in
die er daheim und auswärts schon durch verwandtschaftliche
Bande trat, sein glückliches Familienleben selbst, die be=
ruhigende Abgeschlossenheit des Landes, nur belebt von der
stillen bäuerlichen Arbeit, die ihm von Kindheit an vertraut
war, sie gaben seiner starken, in sich geschlossenen Indivi=
dualität die rechten Bedingungen, sich unentzweit und klar
zu entwickeln, seinem schöpferischen Geiste die Ruhe des
Schaffens, und seiner Beobachtung ein reiches Feld für die
Lebensgebiete, welche seine schriftstellerische Thätigkeit be=
handelte.

Es ist die letztere, wie bei wenig Dichtern, das Produkt
seiner Persönlichkeit, die durch Kraft des Charakters und
Macht der Phantasie eigenthümlich gekennzeichnet wird.

Schon bei dem Knaben zeigte sich eine starke Ausbildung
des sittlichen Charakters. Neben einer großen Herzensgüte
stand ein unerschütterliches, rücksichtsloses Rechtsgefühl, das
sich unumwunden aussprach und auch in späterer Zeit sich nicht
abgestumpft und erweicht hatte. Immer galt er als ein offener
und ehrlicher Charakter, man rühmte das „Gentlemanlike“
seines Wesens, als eine „noble“ Natur bezeichnet ihn einer
seiner Universitätsfreunde. Er konnte wohl mit Sarkasmen
verletzen, aber der wohlwollende Grund seines Gemüths
versöhnte bald wieder. — Ein solcher Mann konnte nicht
anders, als Gegner aller Schwächlichkeit, Unklarheit und
Halbheit sein, und es mochte der entschieden conservative

Standpunkt, den Gotthelf in politischer und kirchlicher Be-
ziehung namentlich später einnahm, zum guten Theile mit
dem Widerwillen zusammenhängen, die ihm die Träger der
Demokratie persönlich einflößten. Er war nichts weniger als
principieller Reaktionär und Büreaukrat, bei seinem starken
erregbaren Naturell überhaupt kein Mann starrer Principien,
und die Freiheit bis zur Ungebundenheit hatte er selbst für
sich beansprucht, ihr auch stellenweise warm das Wort geredet.
Merkwürdig gerade nach der Seite hin ist seine Sympathie mit
starken, unbeugsamen Charakteren, die er in ihren tragischen
Nachtseiten, aber auch in der ungebrochenen Kraft eines aus
sich selbst herauslebenden, um Gunst und Ungunst der
Menschen unbekümmerten Gemüths, mit Vorliebe schildert.
So sagt er von einem köstlich gezeichneten Bauerburschen, der
aus eigenem Impulse nach einem richtigen Gefühle handelt,
auch wenn er mit Gesetz und Vorschrift in Conflikt kommt,
„er habe unter Umständen ein Räuberhauptmann werden
können". Ueberhaupt waren die Räuber in der phantastischen
Einkleidung, die ihnen die Romanliteratur einer noch nicht
so lange vergangenen Zeit verliehen hat, ein Gegenstand,
mit denen sich namentlich in jüngeren Jahren die Phantasie
Gotthelfs gern beschäftigte. Oft sah er seinen Vater von
Räubern überfallen. Ja er hielt ihn wohl selbst für einen
heimlichen Räuberhauptmann.

Die ganze Natur Gotthelfs wies ihn ins Leben hinein.
Er gehörte nicht zu jenen Landpredigern, die als eigentliches
Schooßkind ihres Geistes wissenschaftliche und literarische
Studien betreiben und ihren Beruf als Broterwerb nebenbei

ausüben, sein Schriftstellerthum und seine geistliche Arbeit
reichten einander die Hand, und ebendeshalb war in seiner
Abgeschlossenheit sein Leben ein harmonisches und glückliches.
Hatte er als Prediger wegen mangelhafter Aeußerlichkeit
trotz des tüchtigen Gehalts seiner Predigten — einzelne
Predigten, die er in seinen Schriften ausführt, zeigen, was
er auch darin leisten konnte — keinen durchschlagenden
Erfolg, ja wurde er, wegen der Beobachtungen, die er für
seine schriftstellerische Thätigkeit an seinen Bauern vornahm,
diesen oft unbequem, so hatte er doch durch hohen sittlichen
Ernst, geistliche Klugheit, der eine sehr glückliche Zugabe der
Schalkheit eigen war, und durch das Bemühen, einem jeden
durch verständnißvolles Eingehn auf seine Verhältnisse nahe
zu kommen, sich das volle Vertrauen seiner Pfarrkinder er-
worben. Wie er auch später, als Schriftsteller berühmt geworden, nicht nur in Lützelflüh, sondern weit über die
Grenzen der Schweiz hinaus seine Gemeinde zählte, ver-
sagte er seine Zeit in strenger Gewissenhaftigkeit keinem seiner
Gemeindeglieder, auch wenn ihm die kostbaren Vormittage, an
denen er zu arbeiten pflegte, dadurch zerrissen wurden. Auch
als die Krankheit, die seinen Tod herbeiführte, ihm die Aus-
übung seiner Amtspflichten sehr erschwerte, setzte er doch
seine seelsorgerischen Besuche, seine Theilnahme an amtlichen
Besprechungen fort. Wie viel er in seiner seelsorgerischen
Thätigkeit gab, soviel empfing er auch. Wie er im Verkehr
mit seinen Gemeindegliedern einen reichen Stoff für seine
schriftstellerische Thätigkeit fand, so auch für seine Predigten.
Oft wußte er am Sonnabend nicht, was er am andern

Tage predigen sollte. Besuche bei den Gliedern seiner Gemeinde und bei in der Nähe wohnenden Freunden lieferten
ihm dann wohl das, was er der Gemeinde zu sagen hatte,
und was, aus dem Leben gegriffen, ins Leben um so mehr
eingriff.

Es ist eigenthümlich, um auf den schriftstellerischen Charakter von Bitzius zu kommen, daß eine so starke Produktions-
fähigkeit, als in ihm ruhte, — hat er doch in einem Zeitraum
von 18 Jahren eine Reihe größerer und kleinerer Geschichten
und Aufsätze geschrieben, die 23 Bände füllen, — erst ver-
hältnißmäßig so spät zu Tage trat. Denn Bitzius war
39 Jahre alt, als er seine erste Schrift herausgab. Dies
aber bestätigt nur unser Wort, daß seine Schriftstellerei
ganz Produkt seines persönlichen Charakters war. Es trieb
ihn dazu weder schriftstellerischer Ehrgeiz, dessen Mangeln
er als seine glücklichste Gabe preist, und dem auf dem spröden
Boden der Berner Welt auch schwerlich Befriedigung geboten
worden wäre, noch das materielle Bedürfniß: Bitzius hatte
bei bescheidenen Ansprüchen sein gutes Auskommen. Es war
die Noth seiner starken Natur, die sich auf diesem Wege
von einer innern Beklemmung befreite. — Er giebt einmal
einem Freunde gelegentlich der Herausgabe eines seiner edelsten
Werke der „Leiden und Freuden eines Schulmeisters“ ein
Selbstbekenntniß, das mehr als Alles angethan ist, den Mann
zu schildern.

„Es kommt mir je länger, je mehr vor, daß man eigentlich
„nicht weiß, wer ich eigentlich bin, und daß die meisten
„Leute mich anders denken, als ich bin, daß man daher auch

„mein Schreiben und meine Schriften, die ich beide nur
„pſychologiſch rechtfertigen kann, von einem durchaus falſchen
„Geſichtspunkt aus beurtheile. Die Berner Welt iſt eine
„eigenthümliche. Sie macht ein feſtgegliedertes Ganze aus.
„Ins vorderſte Glied zu kommen, iſt der Hauptſpaß, und
„ſo bald ein Berner zum Bewußtſein kommt, drängt er ſich
„in die Glieder und ſucht ſich durch die Glieder zu drängen.
„Ich hatte keinen Begriff von dieſem Allen, und keinem
„Menſchen iſt es je weniger in den Sinn gekommen ſich
„einen Weg machen zu wollen. Hingegen ſprudelte in mir
„eine bedeutende Thatkraft. Wo ich zugriff, mußte etwas
„gehn; was ich in die Hände kriegte, das organiſirte ich.
„Was mich ergriff zum Reden oder zum Handeln, das re=
„gierte mich. Das bedeutende Leben, das ſich unwillkührlich
„in mir regte, ſchien, als es laut wurde, vielen ein unbe=
„rufenes Zudrängen, ein unbeſcheidenes vorlautes Weſen,
„und nun ſtellten ſich mir alle die entgegen, die glaubten,
„ich wollte mich zudrängen, dahin, wohin ſie allein ge=
„hörten. So wurde ich von allen Seiten gelähmt, nieder=
„gehalten, konnte nirgends ein freies Thun ſprudeln laſſen,
„konnte mich nicht einmal ordentlich ausreiten.“ (Nebenbei
ſei bemerkt, daß Bitzius ein leidenſchaftlicher Reiter war und
von Jugend auf dies Vergnügen hoch ſchätzte.) „Hätte ich
„alle Tage meinen Ritt thun können, ich hätte nie geſchrieben.
„Begreife nun, daß ein wildes Leben in mir wogte, von
„dem Niemand eine Ahnung hatte, und wenn einige Aeuße=
„rungen ſich losrangen, ſo nahm man ſie halt als freche
„Worte. Dies Leben mußte ſich entweder aufzehren, oder

„losbrechen auf irgend eine Weise. Es that es in Schrift
„und daß es nur ein förmlich Losbrechen einer lang ver=
„haltenen Kraft, ich möchte sagen, der Ausbruch eines Berg=
„sees war, das bedenkt man natürlich nicht. Ein solcher
„See bricht in wilden Fluthen los, bis er sich Bahn ge=
„brochen und führt Schlamm und Steine mit im wilden
„Graus. Dann läutert er sich und kann ein schönes Wässerchen
„werden. So ist mein Schreiben auch ein Bahnbrechen ge=
„wesen, ein wildes Umsichschlagen nach allen Seiten hin,
„woher der Druck gekommen, um freien Platz zu erhalten.
„Es war, wie ich zum Schreiben gekommen bin, auf der
„einen Seite eine Naturnothwendigkeit, auf der andern Seite
„mußte ich wirklich so schreiben, wollte ich einschlagen ins
„Volk. Nur bin ich mir bis dahin nicht zum Bewußtsein
„gekommen. Wie mein früheres Thun kein anderes Ziel hatte,
„als das Schaffen selbst, so hatte ich auch beim Schreiben
„keine Ahnung, mir Ruhm, eine bedeutende Stellung zu
„erwerben.“

Hier hat Bitzius in wenig Worten die Wurzeln seiner
Schriftstellerthätigkeit bezeichnet: Eine vielfach durch die Ver=
hältnisse niedergehaltene Thatkraft, eine kühne, wie er selbst
sagt, fast kindische und naive Rücksichtslosigkeit, die niemals
frug: „was trägt es ein, was sagt die Welt?“ und ein Herz
voll glühender Menschenliebe. Mit diesen heftete er sein
Augenmerk sogleich auf zwei brennende Schäden, die Armen=
noth und das Schulwesen, und, wie er für beide auch praktisch,
namentlich in der Erziehungsanstalt für arme Knaben in
Trachselwald, die er als Mitglied des Vereins für christliche

Volkserziehung mit hatte gründen helfen, bis zu seinem Tode
thätig war, so drückte dieser Nothstand ihm die Feder des
Volksschriftstellers in die Hand.

Es ist uns unmöglich, uns auf eine eingehende Analyse
der Schriften von Bitzius einzulassen; im Allgemeinen be=
wegen sie sich alle auf demselben Gebiete, des Dorflebens
und speciell bernerischen Dorflebens. Der Boden seiner
geistlichen Wirksamkeit und seiner schriftstellerischen Thätigkeit
ist ein und derselbe. Aber welche Mannigfaltigkeit zeigt er
auf diesem engen Gebiete!

Das erste seiner Werke ist „der Bauernspiegel"
1836 erschienen, die Lebensgeschichte des Jeremias Gotthelf
eigentlich „Gotterbarm," wie er ihn nennen wollte, was er
jedoch auf den Rath eines Freundes in angegebener Weise
änderte. Er behandelt die Geschichte eines Bauerknaben, der
durch die harte Art der Gütervererbung auf den jüngsten
Sohn mit seinen Eltern schon früh in Armuth gekommen,
nach des Vaters Tod zu einem Bauer verdingt wird, und
nun in Zurücksetzung, Verwahrlosung und Unwissenheit auf=
wächst, nachdem er sein geliebtes Mädchen durch den Tod
verloren, in die französische Armee tritt, endlich heimkehrt
und nach vielen Kämpfen mit den Vorurtheilen und der
Beschränktheit seiner Umgebung seine Lebensgeschichte nieder=
schreibt. Man sieht es dem Buche an, daß es aus der Noth
der Umstände, die in einem großen und warmen Herzen
wiederklingt, herausgeschrieben ist. Es weht in ihm ein
Hauch pessimistischer Bitterkeit, der Bitzius' späteren Arbeiten
fern liegt. Den Schwerpunkt der im Bauernspiegel geschil=

derten Mißstände, die Verwahrlosung und gewissenlose Behandlung armer Kinder, sowie die Mittel und Wege hier
zu helfen, hat Bitius in einer später erschienenen Schrift,
„die Armennoth", einem der besten Bücher, die wohl je
über Armenwesen erschienen sind, in warmer großsinniger
Weise behandelt, mehr in theoretischer Form, aber mit so
innigem Antheil und so tiefen und durchdringenden Blicken
ins Leben, daß man dies Buch am allerwenigsten nur eine
Abhandlung nennen könnte. 1838 erschien das zweibändige
Werk: „Leiden und Freuden eines Schulmeisters,"
hervorgegangen aus reicher praktischer Erfahrung, da Bitius
mit dem Schulehalten sich schon als Vikar vertraut gemacht
hatte, zugleich voll erschütternden Ernstes und voll drastischen
Humors den Jammer der Lehrerarmuth und die Mängel
der damaligen Volkslehrerbildung beleuchtend. Zwei Schriften
von ebenfalls unmittelbarst praktischer Tendenz reihen sich
an. Das Laster der Trunksucht zu bekämpfen: „Wie fünf
Mädchen im Branntwein elendiglich umkommen,"
eine Arbeit, die in der nackten Gräßlichkeit der darin be-
rührten Zustände das Maaß des ästhetisch Erlaubten fast
überschreitet, aber doch gewaltig in der erschütternden Wahrheit der Schilderung. Weit bedeutender ist die andere, dem
gleichen Zwecke wenigstens mittelbar dienende Schrift:
„Dursli der Branntweinsäufer oder der heilige
Weihnachtsabend," in ihrer Weise eine der großartigsten
Schöpfungen von Bitius, ebenso in der enormen Einfachheit
ihrer Anlage, wie in dem grandiosen Stil der Schilderung.
Wie hier das tiefe Sinken eines im Grunde guten aber

schwachen Menschen an die socialistische Zeitbewegung geknüpft
wird, so bildet diese den Hintergrund für zwei andere Schriften
von Bitzius, das eine ist Dr. Dorbach der Wühler
und die Bürglenherrn 1849 erschienen, das Porträt
eines fahrenden Literaten aus Deutschland, der in socialistischen
Grundsätzen „reist", eine Art Parallelfigur zu Dursli; wie
Dursli ein Opfer socialistischer Verführung, so er ein socialistischer Agitator, wie jener nur leichtsinnig und schwach,
Dorbach von Grund aus verdorben, beide Erzählungen auch
darin verwandt, daß Dorbach dieselbe traumhafte Gespenster-
vision, die bei Dursli den Anfang seiner Bekehrung bildet,
erfährt. Das Ganze steht an innerem Gehalt und poetischer
Ausführung weit hinter Dursli zurück. Dasselbe ist mit der
andern weit umfangreicheren Schrift der Fall: „Jakobs des
Handwerksgesellen Wanderungen durch die
Schweiz," die Erlebnisse eines deutschen Handwerksburschen
schildernd, der mit unfläthiger Bornirtheit die Predigten des
Socialismus in sich aufnimmt, und in Folge dessen, von
gewissenlosen Agitatoren mißbraucht, in großes Elend geräth,
eine Schule, in der er allmählig wieder zur Vernunft kommt.
Das Buch macht durch die zum Theil etwas breiten Schilderungen der schmutzigen Gemeinheit unsres Helden, seiner
ekelhaften Liebschaften u. s. w. einen mitunter widrigen Ein-
druck, der nur durch die lebendigen Bilder der verschiedenen
Schweizer Städte und ihrer Bewohner und durch die licht-
vollen Charaktere einzelner Handwerkerfamilien mit denen
Jakob in der Schweiz in Berührung kommt, namentlich die
urgesunde Gestalt seiner Großmutter in der Heimath, ge-

mildert wird. An die socialistische Richtung streift dann noch
eine Geschichte an, die in der beispiellosen Schlichtheit des
Gegenstandes, und dem erhabenen Reichthum des Gehalts
von psychologischer Tiefe und Pracht der Schilderung, ge=
radezu einzig dasteht. Es ist „Käthi die Großmutter,
oder der wahre Weg durch jede Noth", 1847 er=
schienen. Das Buch enthält nichts als die Geschichte einer
armen, alten, keineswegs durch besondere Begabung oder
irgend einen Zug, den man interessant nennt, hervorragenden
Frau, die im harten Kampfe um das tägliche Brot ihr
Enkelkind erhält und verzieht, und zuletzt ihren kranken
Sohn, der in gesunden Tagen sich seiner Mutter geschämt
hatte, noch mit durchschleppt, bis endlich nach mancherlei
Noth bessere Tage kommen. Doch welche Fülle von Liebe und
Frömmigkeit liegt in dieser alten Frau! In wie vielen rüh=
renden, herzgewinnenden und naiven Zügen thut sie sich kund,
und dazu der erhabene Hintergrund der Schweizernatur mit
ihren Schönheiten und ihren Schrecknissen, ein wahres Epos
von idyllischer Begränztheit zugleich und überragender Größe!
Eine der gewaltigsten Schilderungen dieses Buches, der
Austritt des wilden Emmenflusses in Folge eines Gewitters,
ist in einer andern Schrift „Die Wassernoth im Emmen=
thal" 1837 schon gegeben, eins der mächtigsten Natur=
bilder, das wohl je von einer Feder geschaffen worden
ist, ausgestattet mit einer Reihe von anmuthenden und ab=
schreckenden Scenen des menschlichen Verhaltens während
der gewaltigen Verwüstung der Natur.

Eine Anzahl von größeren und kleineren Schriften führen

nun ausschließlich in das Berner Bauernhaus und Bauer=
leben ein, ein Gebiet, in dessen Schilderung das freie
schriftstellerische Behagen die Tendenz, die in den obenge=
nannten Schriften zu Tage tritt, mehr zurückdrängt. So
schildert er in einem seiner edelsten Werke „Geld und
Geist, oder die Versöhnung" das ganze wahrhaft
adlige Leben einer echten Bauernfamilie, von der jede ein=
zelne Figur ein wahres Prachtstück ist, und dessen Gegensatz,
ein anderes Bauernhaus, ein wahres Schreckbild von Geiz
und Herzlosigkeit, in der die einzig edle Natur, die darin
lebt, fast zu Grunde geht. In einem andern Buche „Zeit=
geist und Berner Geist" wird der Gegensatz des so=
liden conservativen Bauerngeistes gegenüber dem von demo=
kratischen Einflüssen durchsetzten und zersetzten behandelt, in
ein paar meisterhaften Typen dem conservativ frommen und
vernünftigen Ankenbenz und seiner Familie, und dem demo=
kratischen, in politischem Dilettantismus seinem Berufe ent=
fremdeten Hunghans mit seinen Söhnen. Den Verfall des
bäuerlichen Wesens durch unordentliche Wirthschaft führt uns
„der Geltstag, oder die Wirthschaft nach der
neuen Mode" in grellen, mitunter abstoßenden, aber doch
erschütternd wahren Zügen vor. Die feindselig kalte Ehe
der beiden Wirthsleute, des sinnlich stumpfen Steffen und
der hochmüthigen herzlosen Eisi, gehören mit zu den furcht=
barsten Nachtstücken des Familienlebens, die je geschildert
worden, doppelt furchtbar, weil sie aus dem Leben unmittelbar
gegriffen sind. Ein anderes Buch, die „Erlebnisse eines
Schuldenbauern" hat wieder mehr tendenziösen Cha=

2 *

rakter, und zeigt die Gefahren des unvermögenden, einsichts=
losen Grundbesitzers gegenüber betrügerischen Spekulanten,
die ihn kalten Blutes aussaugen, um ihn, nachdem er ein
Gut in die Höhe gebracht, auf die Gasse zu werfen. Von
hervorragender Bedeutung, einmal wegen der ernsten und
tiefwahren Behandlung der Verhältnisse zwischen Dienst=
boten und Herrschaften, dann wegen der großen Zahl
herrlich durchgeführter Charaktere, die theilweise zu den
schönsten Gestaltungen der ganzen deutschen Literatur ge=
hören, sind die beiden miteinander zusammenhängenden
Schriften „Uli der Knecht" und „Uli der Pächter."
In das Kleinleben des Dorfes mit allen seinen kleinen Er=
bärmlichkeiten, allerdings oft über die Grenze des ästhetisch
Erlaubten hinaus, werden wir in der „Käserei in der
Vehfreude" eingeführt, während in dem weit bedeuten=
deren zweibändigen Werke „wie Anne Bäbi Jowäger
haushaltet und wie es ihm mit den Doktern er=
geht", erschienen im Jahre 1843 und 1844, die strenge
und ehrbare Bauernsitte freilich auch in ihren Vorurtheilen
und ihrer Beschränktheit gezeichnet und namentlich einer der
gefahrvollsten Neigungen des Landvolks, der zur Quacksal=
berei im Gegensatz gegen eine rationelle ärztliche Behandlung
entgegengetreten wird. Dazu kommen in kleineren Schriften
eine Menge der trefflichsten Schilderungen und Charaktere,
so im „Hans Joggeli dem Erbvetter" das Bild des
klugen und doch wohlwollenden Bauern, den eine schmeich=
lerische, erbbegierige Verwandtschaft umlagert, deren egoistische
Absichten er mit scharfem Blicke durchschaut; im „Harzer

Hans", dem Gegenstück dazu, die Gestalt des reichen, gei=
zigen Bauern voll Hartherzigkeit und Hartköpfigkeit, aber
bei der trostlosen Wildheit seines Herzens doch im großen
Stil gezeichnet; im „Besuch" das fein und glücklich ge=
zeichnete Bild einer guten und klugen Mutter, die eine
falsche Empfindlichkeit ihrer Tochter gegen ihren Gatten mit
echt mütterlicher Weisheit und weiblichem Takte heilt. Im
„Besuch auf dem Lande" und „im Ball" wird der
Gegensatz des behäbigen Bauern= und des armen Städter=
thums mit derbem Humor geschildert. Im „Besenbinder
von Rychiswyl" und „Barthli dem Korber" treten
zwei Originale des Landlebens auf, stellenweise in barocker
Weise sich geberdend, aber voll Kern und Kraft. Ein groß=
artiger Ernst weht durch die kleine Geschichte „Elsi die
seltsame Magd", das Muster einer Novelle, in der ein
bis zur Härte stolzes Mädchen gezeichnet wird, die ihren
Geliebten, um ihm nicht ihre befleckte Herkunft nennen zu
müssen, starrsinnig abweist und verzweifelt in die Schlacht
treibt, wohin sie ihm zuletzt nacheilt, um mit ihm zu sterben.
Im wohlthuendsten Gegensatze dazu steht das „Erdbeeri=
mareili", ein Waldidyll von unendlicher Zartheit, die Ge=
schichte eines einsam im Walde aufgewachsenen Mädchens,
die eine im Sturm des Lebens verwundete, edle Frauenseele
aus der großen Welt kennen lernt und mit ihr einen Freund=
schaftsbund fürs Leben schließt, der bei der Verschiedenheit
des Lebensganges beider um so inniger wird.

Eine Reihe von sagenhaften und historischen Schilde=
rungen treten hinzu, mit kräftigstem Colorit und im körnig=

ſten Stil geſchrieben, ſo die „ſchwarze Spinne“, ein
Nachtgemälde von grotesker, aber mächtiger Phantaſie, dem
die Tradition einer Pockenſeuche oder der Peſt zu Grunde
liegen mag, die als das Werk einer dämoniſchen Spinne
geſchildert wird, die im Geſichte einer Teufelsbündnerin er-
wachſen iſt, als hölliſche Spur eines Kuſſes, den der Teufel
jenem Weibe gegeben hat. Die grauſigen Verheerungen der
furchtbaren Spinne, die Verwilderung der Menſchen in dieſem
Schreckniß werden bis ins Große erſchütternd beſchrieben,
und es zeigt ſich der Takt des Schriftſtellers bei dieſer ent-
ſetzlichen Geſchichte darin, daß er ſie in den friedlichen Rahmen
einer ländlichen Tauffeſtlichkeit faßt und von einem frommen
Greiſe erzählen läßt. In ſeiner Weiſe nicht minder bedeutend iſt „der letzte Thorberger“, eine Art hiſtoriſchen
Romans aus dem Ende des 14. Jahrhunderts. Wahrhaft
vollendet iſt die Geſtalt des ehernen Ritters von Thorberg
und ſeiner verſchüchterten und verdüſterten Familie, voll kraftvollen Lebens, die Zeichnung des Volkes und der Berner
Bürger im Gegenſatz gegen das übermüthige und verkom-
mene Ritterthum. Ebenſo hervorragend durch lebendige Be-
ſchreibung und ſcharfe Charakteriſirung iſt „der Knabe
des Tell“, und andere kleinere Geſchichten auf demſelben
Gebiete reihen ſich würdig an.

Worin beſteht nun aber Werth und Eigenthümlichkeit
unſeres Schriftſtellers?

Ausgemacht iſt und auch von ſeinen Freunden und
Verehrern zugeſtanden, daß Gotthelfs Arbeiten, namentlich
die größeren, einer künſtleriſchen Abrundung entbehren. Gott-

helf ist in denselben Fehler verfallen, der an Jean Paul,
dem Lieblingsschriftsteller seiner Jugend, uns so oft stört.
Er biegt oft von dem Wege seiner Erzählung ab, um Be=
trachtungen nachzugehen, die, meist wahre Perlen von uns
schwer vermißt werden würden, aber den Faden der Ge=
schichte fast reißen lassen und den Fortgang ungebührlich
hemmen. Entschieden wünschten wir bei einigen seiner Schrif=
ten, daß er sie mehr zusammengearbeitet hätte, als es ge=
schehen ist. Aber der Fehler ist, obgleich Gotthelf später in
die Untugend des zu rasch und zu viel Arbeitens verfiel,
nicht ein Fehler der Armuth, sondern des Reichthums Der
mächtige Gedankenstrom überfluthet das Bett des abge=
gränzten Maaßes, und die kräftigen Bewegungen seines
Geistes brechen durch die vorgezeichneten Formen hindurch.
In dem Sinne hat Rudolf Heym mit seinem Urtheile über
ihn ganz Recht: Er ist nicht der vollkommenste Dichter, aber
er hat den Stoff zu zehn Dichtern.

Nach derselben Seite wird ihm ein anderer Vorwurf
gemacht, daß er nämlich Situationen vorführe, die über die
Grenze des ästhetisch Erlaubten hinausgingen, daß er sitt=
liche Schäden gar zu nackt darlege, Unsauberkeiten gar zu
natürlich male, bei trivialen Dingen sich allzubreit ergehe
und oft eine Sprache führe, die zum Mindesten nicht gesell=
schaftsfähig sei. Völlig leugnen läßt sich ein Grund dieser
Vorwürfe nicht, aber sie sind nicht im Stande, den schrift=
stellerischen Werth von Bitzius herabzusetzen. Er liebt es
nicht, wie gewisse Dorfgeschichtenschreiber, die Typen der
Gesellschaft in den Bauernrock zu stecken, er zeichnet die

Bauern, und zwar die hartköpfigen Berner Bauern, wie sie
sind, reden und handeln, und schreckt davor nicht zurück, sie
in Situationen darzustellen, die theilweise zu gewöhnlich er-
scheinen, um den Stoff literarischer Produktion abzugeben,
theilweise sogar abstoßen und verletzen, eben, weil diese Situationen in ihr Leben gehören. Dies wird aber durch seine
Tendenz gerechtfertigt. Nicht, wie Jean Paul das Ekelhafte
und Widrige mitunter geradezu heraussucht, um es als
schnurrige Posse vorzuführen, sondern um Schäden und Mißbräuche zu bessern und abzustellen, bespricht er sie in ihren
widerwärtigen Einzelheiten so rückhaltlos und ausführlich,
geht er auf die abstoßendsten Gegenstände, wie giftiges
Weibergezänk, rohe Wirthshausprügeleien, häßliche Streitig-
keiten um Mein und Dein, in die Sphäre des Stalls und
Gesindestubelebens mit oft peinigender Genauigkeit ein, ja
lüftet den Schleier auch von Lebensverhältnissen, die die all-
gemeine Sitte zu verhüllen für anständig und geboten hält.
Er thut es, wie er in einem treffenden Gleichnisse sagt,
einem Bauern gleich, der über einen verwilderten Acker, um
ihn zum Fruchtbringen tauglich zu machen, den Schälpflug
führte, das im Acker verborgene Wurzelwerk zu Tage legte
und an der Sonne zum Welken brachte, um so das Erd-
reich für guten Saamen zu gewinnen, aber man fühlt es
ihm an, daß ihn zu solchen Erörterungen nichts treibt, als
der erbarmungsvolle Schmerz wärmster Menschenliebe. Ein
ächter Jeremias spricht er in seinen oft grellen und grotesken
Schilderungen nur den Jammer über die Verkommenheit und
die Verirrungen seiner Umgebung aus, und der hohe, sittlich

erhabene Standpunkt, von dem aus er diese widrigen Aus=
wüchse betrachtet, muß auch mit der mitunter vielleicht zu
weit gehenden Detailausführung derselben versöhnen. Für
Mädchenpensionate hat er nicht geschrieben, nicht schreiben
wollen. Aber auch die Bibel nimmt auf ästhetische und
sittliche Prüderie keine Rücksicht, und verschweigt nichts des=
halb, weil es Anstoß erregen könnte. Und was die Gotthelf
vorgeworfene Trivialität betrifft, daß er Gegenstände der
literarischen Ausführung unterwerfe, die zu gewöhnlich und
reizlos dafür seien, so kann das nur die oberflächlichste An=
schauung behaupten. Es giebt ja solche, die nur in der
Sphäre des Parkets und der Glacéhandschuhe die Würde
der menschlichen Gesellschaft vertreten finden, und welche tri=
viale Typen und Vorkommnisse halten sie in ihr für beach=
tenswerth! Für diese mag eine Geschichte von so beispielloser
Einfachheit, wie Käthi die Großmutter, in der zwei Hühner
und ein kleines Kartoffelfeld wichtige Gegenstände bilden,
eine Erzählung wie „Dursli der Branntweinsäufer", die das
Verkommen eines Mannes durch den Trunk und seine Be=
kehrung infolge eines Deliriumtraumes schildert, trivial er=
scheinen, es zeigt sich hierin gerade eine der erhabensten
Seiten von Gotthelfs literarischem Genius, daß er diese
kleinen und armen Lebensverhältnisse mit soviel Liebe beachtet
und den Punkt ihnen absieht, wo auch sie reich, groß und
bedeutend werden. Er erinnert hier in vielen Stücken an
Fritz Reuter, dem er völlig ebenbürtig zur Seite steht.

Was endlich den dritten Vorwurf anlangt, der Gotthelf
gemacht wird, daß sein Standpunkt ein politisch und religiös

beschränkter sei, und seine Tendenz einen stark reaktionären
Charakter trage, so ist das, selbst wenn es gerechtfertigt wäre,
einmal Parteisache und würde der schriftstellerischen Bedeutung
Gotthelfs keinen Eintrag thun. Aber der Vorwurf gilt nicht
einmal im vollen Umfange. Eine so metallene ächte und schwere
und zugleich für Klarheit und Ordnung in allen Verhältnissen so geschaffene Natur wie Gotthelf konnte einem flachen
und phrasenhaften Liberalismus, einem phantastisch unreifen
Socialismus gegenüber consequenter Weise kaum eine andre
Stellung einnehmen, als daß er gegen unklare oft aus
unreinen Motiven hervorgegangenen Neuerungsbestrebun-
gen das Altbewährte, durch langes Einleben Eingewurzelte
vertheidigte. Ein so durch und durch religiöses Gemüth
mußte sich der religiösen Leugnung, oder Abplattung der
heiligen Tiefen der Religion, um ihr das Gepräge des
Zeitgemäßen zu geben, auf das kraftvollste widersetzen. Daß
beides in heftiger, oft gereizter und mehr derber als ge-
schliffener Weise geschah, lag in dem massiven Stoffe seines
Wesens selbst. Aber Bornirtheit auf politischem wie religiösem
Gebiete kann ihm keiner Schuld geben. Man lese Bücher,
wie den „Bauernspiegel", in denen er bestehende Mißbräuche
des Gemeindelebens mit aller Entschiedenheit bekämpft; man
beachte den mit treffendem Sarkasmus durchzogenen heiligen Zorn, mit dem er gegen den verjährten Egoismus
und Hochmuth bäuerlicher Einrichtungen und Sitten in verschiedenen seiner Schriften zu Felde zieht. Man sehe in dem
nach mancher Seite am höchsten stehenden Buche, „wie Anna
Bäbi Jowäger haushaltet", auf die so tiefsinnig und fein

geschilderten Gegensätze des beschränkten Pietismus des Vi=
kars, der milden weiten Frömmigkeit des alten Geistlichen, und
der materialistischen Lebensanschauung des edlen in warmer
Menschenliebe sich verzehrenden Arztes, in denen Gotthelf ohne
Scheu auf die Seite des letzteren sich stellt, und eine that=
kräftige Liebe selbst ohne religiöses Fundament gegen einen
leeren Wortglauben in Schutz nimmt. Unschwer wird man
dann erkennen, daß seine conservativen Neigungen keineswegs
reaktionäre Beschränktheit sind, und die gesunde Unabhängigkeit
seiner Natur im entscheidenden Augenblicke stets durchbricht.

Die eigenthümliche Kraft der Gotthelfschen Schöpfungen,
im Kleinsten das Größte und Bedeutende ins Licht zu
setzen, ist aber das Ergebniß einer dichterischen Begabung
ersten Ranges, die mit idealer Hoheit ihn empfinden und
in naturwahrsten Farben schildern läßt. Seine Sprache
hat keinen eleganten Salonschliff, aber die Kraft des fär=
benden Ausdrucks, den genialen Bilderreichthum. Die große,
herbe Linienführung des historischen Stils, und die zarteste
Weichheit des Herztones stehn ihm in packender Weise zu
Gebote, und schimmern auch durch die Hülle des schweizer
Volksdialektes, dessen er sich mitunter in unbequemer Aus=
dehnung bedient, bald rührend, bald humoristisch hindurch.
Ohne langathmige Schilderungen von Natur und Landschafts=
scenen, von Personen und Situationen, zeichnet er sie mit
wenig Strichen in so bestimmtem Umriß und mit so mar=
kiger Energie, daß der Leser das lebendigste Bild vor sich
hat. Man lese z. B. in „Käthi die Großmutter" und „der
Wassersnoth im Emmenthal", die Beschreibung des Aus=

tritts der Emme: Die vorwärts brechenden grauen Wasser-
massen, die Baumstämme, Bruchstücke von Häusern und
allerhand Geräth auf ihren Rücken tragen; das Gewitter in
„Uli dem Knecht" und dem „Pächter", dort der die Schwüle
lösende Sturm, der das Heu von dem heimeilenden Wagen
zaust, während die Schnitter lachend, sich gegen die herab-
fallenden großen Regentropfen schützend, nacheilen, hier die
unheimliche bleierne Schwüle, in der kein Laut durch die
ganze Natur geht, die Schwalben ängstlich dahinschießen und
die Hagelwolke schwarz mit weißen Streifen am Himmel la-
gert, um den auf dem Heimweg begriffenen Uli, der eben einen
schlechten Proceß gewonnen hat, mit ihren Eismassen zu
überschütten, ein Gottesgericht, das der in seinem Gewissen
aufgerüttelte Mann in ganzer Größe fühlt. Man lese die
grandiose Scene in „Dursli dem Branntweinsäufer", wo der
durch Zorn und Rausch wild aufgeregte heruntergekommene
Dursli in der Weihnachtsnacht im stürmischen Thauwetter
heimgeht, auf seinen Weg durch den Wald in eine Grube
fällt, und nun halb im Delirium des Rausches, halb im
Grauen der Gespensterfurcht eine Art Vision hat, in der er
in dem gespenstischen Halloh der wilden Jagd in die Hölle
geführt wird, dort bald durch Feuerströme, bald durch spitze
Stacheln gezogen, die gerechte Strafe für den Gatten und
Vater, der im Wirthshause sich betrinkt, während Weib und
Kind zu Hause hungern, die Thränen auf den Wangen ihnen
anfrieren, schaudernd empfindet; wie er dann erwacht, kaum
wissend, ob er noch lebe, endlich die Glocken des Weihnachts-
morgens hört, und nun heimkehrt, die weiche Reue im Herzen;

sein Blick über das Dorf, aus dessen Schornsteinen der Rauch in mancherlei Art steigt, die Besorgung des Weihnachts= schmauses verkündend, — und nur über seinem Hause sieht er keine Rauchwolke; sein Schmerz darüber, endlich der Eintritt ins Haus; sein Zagen anzuklopfen; die anfängliche Scheu der Kinder, die aufthauen, als er aus geschenktem Holze ihnen ein Feuer auf dem Heerd anzündet, die allmählige Annäherung an sein mißhandeltes Weib, die weiche Rührung, die beide überkommt und in der die alte Liebe neu wird. Es ist ein Gemälde in seinem Gegensatze hier mit der Pinsel= führung eines Michel Angelo, dort mit der liebevollen Detailausführung der Niederländer gemalt, mit einfachen Mitteln so hinreißend, die Erhabenheit des Hauses und der ehelichen Liebe so innig schildernd, daß man mit jubelt und mit weint und das Ganze als die herrlichste Predigt über den Spruch anhört: „Es ist mehr Freude im Himmel über einen Sünder, der Buße thut, denn über 99 Gerechte, die der Buße nicht bedürfen."

Noch bedeutender ist aber Gotthelf in der Charakteristik seiner Gestalten. An psychologischem Tiefsinn und der Gabe, den innern Grund des Denkens und Handelns aufzudecken, kommen ihm wenig Schriftsteller gleich. An Wahrheit und plastischer Wiedergabe äußerer Eigenthümlichkeiten erinnert er an die englischen Humoristen Dickens und Thackeray, überragt sie aber durch ideale Auffassung. Nicht mit Unrecht ist von ihm gesagt worden: es sei ein Stück Shakespeare in einem Landpfarrer verkörpert worden. Seine Bauern= gestalten, wie der brave und in seiner Art wahrhaft weise

Johannes der Bodenbauer im „Uli", der vortreffliche, kluge
und sarkastische „Hans Joggeli der Erbvetter", daneben Uli,
der zum Pächter gewordene arbeitstüchtige, aber beschränkte,
weniger charakterfeste Knecht in seiner unruhigen Aengstlich=
keit und seiner Neigung zum Geiz, die ihn selbst auf un=
lautre Wege treibt, das feingezeichnete Bild des Empor=
kömmlings den eigentlichen bäuerlichen Aristokraten gegen=
über. Im Gegensatze zu diesen wohlthuenden Erscheinungen,
die in ihrer Herzlosigkeit und brutalen Tyrannei wahrhaft
furchtbaren Vertreter der Nachtseiten des bäuerlichen Cha=
rakters, der Dorngrütbauer, in „Geld und Geist" und
„Harzer Hans", daneben die kleinliche, hämische, kraftlose
Natur des Glungebauern Joggeli. Alle sind sie wie in
Stein gehauen, so fest und klar treten sie hervor.

Vortrefflich sind ihm dann die Bauernburschen gelungen,
Michel in „Michels Brautschau", mit seiner ehrlichen Plump=
heit, der endlich von dem Mädchen gewonnen wird, das mit
listiger Klugheit ihm seine Schwäche für seinen Hund ablauscht
und benutzt. Felix in der Käserei, in der Vehfreude, ein
Kraftrecke des Dorfes, in seinem Ueberschuß an Stärke
beständig zu Schlägereien aufgelegt, aber in der Tiefe von
einer zarten Herzensneigung zu einem lieblichen Mädchen
erfaßt, die er sich selbst nicht gesteht und unter derben
Kraftäußerungen verbirgt. Daneben im höheren und edleren
Stile gezeichnet Resli, in „Geld und Geist", mit der Trauer
im Herzen über den Unfrieden seines Elternhauses und sein
verlorenes Liebesparadies, dem er selbst entsagt, weil unwür=
dige Bedingungen für seine Ehe von den Eltern seiner

Braut ihm gestellt worden. Alles Charaktere voll Derbheit und stellenweise auch Rohheit, aber kräftig und urgesund.

Nicht minder wie diese kraftvollen und kernhaften Naturen gelingen ihm auch die mehr passiven gedrückten und schwachen, so ist der Schulmeister in „Schulmeisters Leiden und Freuden" mit seiner armen traurigen Jugend, der Unselbstständigkeit, in der er unter dem beständigen Druck der Abhängigkeit verkümmert ist, bis er allmählig erst, mit Hülfe seiner vortrefflichen Frau und wohlmeinender Freunde zum Manne reift, eine meisterhaft gezeichnete Figur.

Besonders gelingt aber Gotthelf eine eigenthümliche Species selbstherrlicher, fast wilder Naturen, die er mit Vorliebe zeichnet, weil wohl ein Stück seines eigenen Wesens in ihnen sich wiederspiegelt, ich meine hier Gestalten, wie Hagelhans in „Uli dem Pächter", jener einsam lebende menschenfeindliche Bauer, der wie eine Märchengestalt in dem Kreise der Uebrigen auftaucht, von allen gefürchtet und gehaßt, und dessen im Grunde bedeutender Kern erst in der Reibung mit seiner ihm ebenbürtigen edlen Tochter Breneli zu Tage tritt, ferner Wehrdi der Jäger, in Schulmeisters Leiden und Freuden, mit seiner bittern, aber dennoch gesunden Lebensanschauung, seinem erbarmungslosen Spotte über die unbehülfliche und geistlose Unterrichtsweise des armen Schulmeisters, aber seiner tiefen, wenn auch barock sich äußernden Verehrung vor dessen vortrefflichen Frau und der klugen und hohen Art, mit der er der bedrängten Familie hilft.

Uebrigens hat Gotthelf nicht nur die Bauern und ihre

Welt darzustellen verstanden, auch Typen aus der Sphäre
geistiger Bildung sind von ihm in vollendeter Weise ge=
schildert worden. Ich erinnere an die verschiedenen Pfarrer,
wie sie in seinen Schriften zahlreich und in mannichfachster
Weise charakterisirt vorkommen. Der wohlredende, in an=
muthiger Form sich bewegende Pfarrer in „Uli dem Pächter",
der cholerisch heftige, alles bis auf die Landwirthschaft um=
stoßen wollende in „Schulmeisters Leiden und Freuden",
an dessen Stelle dann ein anderer voll tiefer Lebensweisheit,
mit einer köstlichen Aber schalkhaft überlegenen Humors tritt.
Vor allen der herrliche alte Pfarrer in „Anne Bäbi
Jowäger", eine Gestalt, heiter und mild, wie ein schöner
Herbsttag, wohlthuend in seiner stillen, milden Frömmigkeit
und seiner unerlöschlichen Menschenliebe gegen Alle. Und
wie prächtig erglänzt diese reine Gestalt auf der dunkeln
Folie des orthodox beschränkten, pietistisch herzlosen Vikars,
der, ohne Böses zu wollen, in seinem ungeschickten Bekehrungs=
eifer alles mögliche Unheil anrichtet. Ganz vortrefflich ist
dann die Zeichnung des Neffen jenes Pfarrers, des jungen
Arztes, der mit seinem Streben und seiner Weltanschauung
aus dem Rahmen des Bauernlebens völlig heraustritt, von
jener Frömmigkeit unberührt, die die Seele seines Oheims
verklärt, aber in edelstem Drange zu helfen und seinem
schwierigen Berufe gerecht zu werden, endlich an demselben
zu Grunde geht.

Die Krone seiner Charaktere bilden aber seine Frauen=
gestalten, in deren Entwurf und Ausführung Gotthelf mit
den ersten Schriftstellern aller Zeiten wetteifern kann. Selten

hat einer einen tiefern **Blick** in das Frauengemüth gethan,
und zarter und kraftvoller zugleich sie vor unsern Augen
gestellt. Jene älteren Frauen, wie die vor Gutmüthigkeit
und Wohlwollen sich selbst beständig vergessende Pfarrerin
in „Anne Bäbi", jene einfachen, in ihrer selbstlosen Liebe
und ihrer schlichten Frömmigkeit so reichen und rührenden
Figuren wie Käthi, die Großmutter und die „Frau Pfarrerin",
die Glungebäuerin im „Uli" in ihrer freundlichen Güte
und mütterlichen Schwäche unter den mannichfachen Wider=
wärtigkeiten ihres ehelichen Lebens sich beständig treu,
Aenneli in Geld und Geist mit der frommen, sich selbst
überwindenden Demuth, in der sie den von ihr gekränkten
Mann um Vergebung bittet, und im Gegensatz dazu die
im Grunde gute und ehrenhafte, aber wunderliche, be=
schränkte und herrschsüchtige Anne Bäbi, mit ihrem meister=
haft gezeichneten Widerpart der zänkischen und wider=
belfernden Magd Mädi, sie alle sind prächtige, aus
dem Leben gegriffene Gestalten, denen sich die jüngeren
Frauen= und Mädchenbilder aufs schönste anschließen. Es
kann in der That keine edlere und höher angelegte Frauen=
gestalt als das „feldherrliche" Vreneli, die Frau Ulis, ge=
schildert werden, wahrhaft mächtig in der stolzen Art, mit
der sie als Mädchen allen unwürdigen Begegnens sich erwehrt,
in dem Kampfe zwischen langgehegter Liebe und heroischem
Stolze bei Ulis Werbung, in der ächt vornehmen und
adligen Weise, in der sie als Frau lebt und ihr Haus=
wesen leitet. Ebenso anziehend in ihrer Weise ist Mädeli,
die Frau des Schulmeisters, in Schulmeisters Leiden und

Freuden, mit dem tiefen, weichen Gemüth, der rührenden
Bescheidenheit ihrem Manne gegenüber, wie überlegen sie
ihm auch ist, und der mächtigen, innigen Frömmigkeit, die
ihr ganzes Leben und Thun beherrscht. Sie ist es, von der
ein Romanschriftsteller sagte, er gäbe alle Kaiserinnen,
Königinnen und Prinzessinnen in seinen Romanen gegen
diese fürstliche Schulmeisterin. Ein ernsteres Gegenstück bildet
dann Bäbeli in „Dursli, der Branntweinsäufer", die stille,
von ihrem Gatten gemißhandelte Dulderin, die so ernst
und ehrlich bemüht ist, das zerfallende Hauswesen zusammen=
zuhalten, ohne zu klagen und zu murren. Endlich eine
Duftgestalt wie Meyeli in „Anne Bäbi Jowäger", so
rührend in ihrer Armuth und der unverbitterten Fröhlichkeit,
mit der sie alles Mißgeschick ihrer Jugend trägt, so reizend
in ihrer weichen und doch wieder schalkhaften Liebenswürdig=
keit, endlich in der mit ätherischer Zartheit geschilderten
Verehrung vor dem Arzt, der ihre nicht ausgesprochenen
körperlichen Leiden erkennt, und den sie wie ein höheres
Wesen bewundert. Von ähnlicher Zartheit und rührender
Weichheit, wenn auch ohne die liebenswürdige Frische ist
Aenneli in der „Käserei in der Vehfreude" geschildert, und
wohlthuend vertreten den Gegensatz resoluter Thatkraft und
frischer Entschiedenheit die Wirthstochter Röseli und die
Pfarrerstochter Sophie in „Anne Bäbi". So treten einem
eine Reihe so anmuthende, sich dem Herzen befreundeter
Gestalten entgegen, daß man darüber vereinzelte wider=
wärtige und übergrell gezeichnete Frauentypen übersieht und
vergißt.

Gerade dem Frauenleben sind auch die bedeutendsten und tiefsten Exkurse gewidmet, mit denen Gotthelf seine Erzählungen unterbricht, eine Unterbrechung, die wir uns bei dem geistigen Reichthum und der Fülle edler Anschauungen, die er darin kund giebt, gern gefallen lassen. Ich erinnere nur an das Kapitel von der Liebe in „Schulmeisters Leiden und Freuden", wie hinreißend ist dort die Fülle und der Segen ächter Liebe geschildert, wie ernst und richtig der tragische Verlauf unglücklicher oder versäumter Liebe, wie zart und schonend das so oft lächerlich gemachte Wesen älterer liebesüchtiger Mädchen, und das tiefe Weh, das ihm zu Grunde liegt. Ich erinnere an das Kapitel, in dem Gotthelf das Leben und den Beruf der Hebammen in „Anne Bäbi" von so hohem Standpunkt, so wahr und ernst schildert, daß wohl jede Hebamme sich diese goldenen Worte zu ihrem idealen Programm machen sollte. Ich erinnere an die ernsten und warmen Erörterungen, in denen er dem Weibe seine Pflichten in den verschiedenen Lagen ihres Lebens vorhält, nicht in trockner Schulmeisterei, sondern aus dem tiefen innigen Verständniß ihres Lebens, ihrer Leiden und Kämpfe heraus.

Wie Gotthelf in der Gottesnatur, die ihn frisch und groß in den Bergen und Feldern seines Schweizerlandes umgiebt, mit vollen Zügen lebt, so gehn doch alle Fäden seines Dichtens und Bildens ins Haus zurück, und in dessen Wohl und Wehe, seinem Segen und seinen Gefahren findet seine Feder die letzten und höchsten Aufgaben ihrer Schilderung. Wie er köstliche, kräftige und wahre Gestalten schafft, so setzt er sie auch in wohlthuendster Harmonie und richtigstem Gegensatz zusammen, und bringt so eine Reihe von Familienscenen, heiterster, schönster, ernstester und traurigster Art. Man denke an das gemüthsinnige heitere Zusammenleben der Pfarrersfamilie in Anne Bäbi, mit seiner wohlthuenden Wärme und seiner herzlichen Gastlichkeit, an den edeln Ton, der durch das Bauernhaus in „Geld und Geist" klingt, nur leise durch ein Mißverständniß getrübt, das Liebe löst; man sehe auf die patriarchalische Weise, in der sich im „Sonntag des Großvaters", eine Familie voll Liebe und Zärtlichkeit um das Sterbebett eines frommen Greisen sammelt; man denke an das große und edle Ganze, das im „Knaben des Tell" die Tellsche Familie bildet: und dagegen nun die frostige, schmutzige Selbstsucht im Hause des Dorngrütbauern in „Geld und Geist", die verdrießliche, verbitterte Armuth im Hause der Eltern des Schulmeisters in „Leiden und Freuden des Schulmeisters", die fürchterliche Herzlosigkeit, die zwischen dem Wirthsehepaare im „Geltstag" waltet, um den durchdringenden Blick zu bewundern, mit dem Gotthelf in Höhen und Tiefen des Hauses eindringt.

Aber die rechte Weihe erhalten alle Schilderungen und Charaktere Gotthelfs durch den sittlichen und religiösen Standpunkt, von dem aus er sie anschaut und begreift. Erst dieser giebt ihm das volle Recht, ein christlicher Volksschriftsteller in des Wortes edelster Bedeutung genannt zu werden. Religion und Sittlichkeit hängen bei ihm aufs Innigste zusammen. Sie sind die Säulen, auf denen sein ganzes geistiges Leben ruht, und deshalb braucht er auch darüber

nicht speciell Worte zu machen und seine sittlichen und religiösen Absichten bei jeder Gelegenheit durchblicken zu lassen,
er braucht nicht Moralpredigten zu halten, einfach aus dem
Grunde, weil er durch und durch moralisch ist, er braucht
ebensowenig einen erbaulichen Ton anzuschlagen, weil jede
seiner Schriften im höchsten Maaße erbaulich ist. Sein
Christenthum besteht nicht in Worten, sondern in Kraft. Es
ist ein Zusammenhang des göttlichen Wirkens mit der kleinsten
Phase des menschlichen in ihm zur Wahrheit geworden, in
dem sich eine Trennung beider nicht mehr denken läßt.
Deshalb hat er nichts von moralischer und religiöser Prüderie, er ist sich des Bodens so sicher, daß er in ungezwun-
gener Freiheit sich bewegt und auf die weltlichen Geschäfte
und Freuden behaglich eingehen kann, weil er nicht fürchten
muß, darin den geistlichen Grund zu verlieren. Es hält
schwer, zum Belege einzelnes herauszugreifen, wo das ge-
sammte schriftstellerische Wirken des Mannes davon Zeugniß ist.
Man lese ein Buch wie Käthi die Großmutter, durch welches
die Frömmigkeit wie ein Orgelton hindurch klingt, der das
Leben einer armen alten Frau bedeutend macht und ihre
kleinste Verrichtung adelt. Man denke an Mädelis erschütternden Kampf beim Tode ihres Kindes, wo sie nach
ihrem vergeblichen Gebet um das Leben desselben in Ver-
zweiflung zusammenbricht und endlich aus dieser furchtbaren
Nacht sich zum Glauben erhebt; an das Vaterunser, das
nach langer Entfremdung die Ehegatten in „Geld und Geist"
wieder zusammen beten, und bei der Bitte und „Vergieb
uns unsere Schuld wie wir vergeben unsern Schuldigern"

im krampfhaften Schluchzen ihre Schuld gegeneinander sich eingestehn. In solchen Scenen offenbart sich eine Kraft des Glaubens, ein Bewußtsein des Zusammenhangs zwischen diesseit und jenseit, die jedes Zweifels spottet. Die Religion ist hier zum heilenden Engel und zum mark = und beindurch= schneidenden Richtschwert geworden, hier die Armuth des Lebens weihend und erhebend, dort seine Sünde vernichtend und zerschmetternd. Wenn von einer weitergehenden Wirkung der Schriften Gotthelfs, als eben der der literarischen Unter= haltung oder des Interesses für manche schwerwiegende An= gelegenheit geredet werden kann, durch die Kraft ihrer Re= ligiosität wird sie erreicht, und werden seine Bücher wirkliche Freunde und Führer des Herzens in mancher schweren Stunde. Um des Willen möchten sie denn auch unserer fieberhaft erregten und pessimistisch angekränkelten Zeit von ganzem Herzen wieder nahe gelegt sein, und möchte der Wunsch in jedem Freunde des Volkes lebendig werden, daß dieser edelste Volksschriftsteller dem Volke, das er gekannt und geliebt hat wie wenige, wieder vertrauter werde. Eine Jeremias Gotthelf = Gemeinde wird immer eine Gottesgemeinde sein. Möge diese Gemeinde eine recht zahlreiche sein und bleiben!

Buchdruckerei von Gustav Schade (Otto Francke) in Berlin.

Verlagsbuchhandlung von Julius Springer in Berlin N.

Jeremias Gotthelfs (Albert Bitzius) gesammelte Schriften.

Ausgabe letzter Hand.

(Mit einer Biographie Gotthelfs von Dr. C. Manuel und einem
Wörterbuch der Bernerischen Ausdrücke.)

24 Bände.

**Mit dem Portrait Jeremias Gotthelfs in Stahlstich
und einem Facsimile.**

Neue wohlfeile Ausgabe.

Preis broch. 28 M. 80 Pf. Preis in 12 eleg. Einbänden 40 M. 80 Pf.

Die einzelnen Schriften von Jeremias Gotthelf sind in nachstehenden Ausgaben
zu haben:

Die Armennoth. Zweite durchgesehene und
mit einem Schluß = Capitel vermehrte Aufl.
Geheftet. 1 M. 20 Pf.

Der Bauernspiegel oder Lebensgeschichte
des Jeremias Gotthelf. 3. durchgesehene
und vermehrte Aufl. Geheftet. 2 M.

**Doctor Dorbach der Wühler und die
Bürglenherren in der heil. Weihnachtsnacht** anno 1847. 2. Aufl. Geh. 80 Pf.

**Dursli der Branntweinsäufer, oder: Der
heil. Weihnachtsabend.** 4. durchgesehene
Aufl. Geheftet. 1 M.

Elsi, die seltsame Magd. Miniatur-Ausg.
Mit 1 Holzschnitt. Eleg. cart. mit Goldschnitt. 1 M. 50 Pf.

Das Erdbeeri-Mareili. Miniatur = Ausg.
Mit 1 Holzschnitt. Eleg. cart. mit Goldschnitt. 1 M. 50 Pf.

Erlebnisse eines Schuldenbauers. Geheftet. 3 M.

**Erzählungen und Bilder aus dem Volks-
leben der Schweiz.** 5 Bände. Geheftet.
à Band 2 M. 75 Pf.

Erzählungen. Neue wohlfeile Ausgabe. 3
Bände. à Band 1 M. 20 Pf.

Geld und Geist oder: Die Versöhnung.
2. durchgesehene Aufl. Geh. 4 M. 50 Pf.

Der Geltstag oder: Die Wirthschaft nach
der neuen Mode. 2 Aufl. Geh. 3 M.

Hans Jacob und Heiri oder: Die beiden
Seidenweber. Geheftet. 1 M.

**Hans Joggeli, der Erbvetter und: Harzer
Hans,** auch ein Erbvetter. Zwei Erzählungen für das Volk. Geheftet. 1 M.

**Jacobs, des Handwerksgesellen, Wande-
rungen durch die Schweiz.** 2. Auflage.
Geheftet. 3 M.

Die Käserei in der Vehfreude. Eine Geschichte aus der Schweiz. Geheftet. 4 M.

Käthi die Großmutter oder: Der wahre
Weg durch jede Noth. Eine Erzählung
für das Volk. Neue wohlfeile Ausgabe.
Geheftet. 1 M. 60 Pf.

Der Knabe des Tell. Eine Geschichte für
die Jugend. 2. durchgesehene Auflage. Geheftet. 1 M. 20 Pf.

Uli. Eine Erzählung in 2 Theilen. 1. Theil:
Uli, der Knecht. 2. Theil: Uli, der Pächter.
Neue wohlfeile Ausgabe. Vierte (Stereotyp=)
Ausgabe. Mit 2 Titelbildern. Preis beider
Theile zusammen 2 M. 40 Pf.

Leiden und Freuden eines Schulmeisters.
4 Bände. Geheftet. 3 M. 40 Pf.

Die Frau Pfarrerin. Ein Lebensbild. (Gotthelfs letztes Werk.) Mit 1 Steindrucktafel.
Cart. 3 M.

**Eines Schweizers Wort an den Schweize-
rischen Schützen-Verein.** Geh. 80 Pf.

Ein Sylvester-Traum. 3. Aufl. Wohlfeile
Ausgabe. 1 M.

Ein Sylvester-Traum. 3. Aufl. Miniatur-
Ausgabe. Mit einer Radirung. In engl.
Einb. mit Goldschnitt. 3 M.

**Die Wassernoth im Emmenthal am
13. August 1837.** 2. durchgesehene Auflage.
Geheftet. 60 Pf.

**Wie Anna Bäbi Jowäger haushaltet und
wie es ihm mit dem Doctern geht.**
2 Theile. 3. Aufl. Geh. 7 M. 50 Pf.

**Wie fünf Mädchen im Branntwein jäm-
merlich umkommen.** Eine merkwürdige
Geschichte. 2. durchges. Aufl. Geh. 60 Pf.

Zeitgeist und Berner Geist. 2 Theile.
Geheftet. 4 M.

Dasselbe. 2 Bände in einem eleganten
Einband. 5 M.

**Jeremias Gotthelf's (Albert Bitzius)
Portrait,** gemalt von Dietler, gestochen
von Gonzenbach. Chines. Papier. 1 M. 50 Pf.

**Albert Bitzius (Jeremias Gotthelf). Sein
Leben und seine Schriften.** Von Dr.
C. Manuel. Mit Jeremias Gotthelf's
Portrait in Stahlstich und einem Facsimile.
4 M.

Verlagsbuchhandlung von Julius Springer in Berlin N.

Aus dem Bernerland.

Sechs Erzählungen aus dem Emmenthal

von

Jeremias Gotthelf.

Inhalt: Elsi, die seltsame Magd. — Barthli, der Korber. — Das Erdbeeri Mareili. — Wie Christen eine Frau gewinnt. — Die schwarze Spinne. — Der Sonntag des Großvaters.

4. 37 Bog. in eleg. Ausstattung mit zahlreichen in den Text gedruckten Holzschnitten und 8 großen Holzschnittblättern nach Zeichnungen von G. Roux, Fr. Walthard und A. Anker.

Eleg. broschirt: 10 M.

In geschmackvollem, reichvergoldetem Prachtbande: 12 M. 80 Pf.

(Auch in einer Prachtausgabe auf feinstem Velinpapier. Preis eleg. broch. 15 M. In eleg. Prachteinband mit Goldschnitt 18 M.)